ZU DIESEM BUCH

«... daß man vom Westen aus mit solcher Malwut über die Mauer herfiel, war wie ein Anschlag auf ihr hartnäckiges Schweigen. Aus östlicher Sicht war sie immer ein unbeschreibliches Blatt, unnahbar, um ihre Dämonologie zu bewahren. Erst jetzt beginnt man sie in ihren Reliquien wirklich zu begreifen, in handlichen Stücken, wie zum nachträglichen Realitätsbeweis...» (Rainer Schedlinski)

Jonas Maron (Jahrgang 1969), aufgewachsen in Berlin, Hauptstadt der DDR, seit 1988 Studium der Fotografie an der Folkwang-Hochschule in Essen und bei Prof. Arno Fischer in Ost-Berlin, ist nach der «Wende» mit der Kamera durch die DDR gereist.

Seine im Frühjahr 1990 entstandenen Fotos dokumentieren die Zeit zwischen den Systemen: Letzte Bilder aus einem Land, das so, wie es war, nicht mehr sein wird.

Rainer Schedlinski (Jahrgang 1956), lebt als freier Schriftsteller in Ost-Berlin und hat für diesen Band einen Essay geschrieben.

JONAS MARON / RAINER SCHEDLINSKI

INNENANSICHTEN DDR

LETZTE BILDER

rororo

Die in diesem Band versammelten Fotografien
entstanden sämtlich zwischen Februar und März 1990.

Originalausgabe
Veröffentlicht im Rowohlt Taschenbuch Verlag GmbH,
Reinbek bei Hamburg, August 1990

Lektorat Barbara Wenner
Layout und Umschlaggestaltung Walter Hellmann
Umschlagfoto Jonas Maron
Satz Walbaum und Helvetica Ultra Compressed
(PM 3.5, Linotronic 300)
Druck und Bindung Clausen & Bosse, Leck
Printed in Germany
1980-ISBN 3 499 18553 9

RAINER SCHEDLINSKI

AUSGETRETENE FALLEN

...daß man vom Westen aus mit solcher Malwut über die Mauer herfiel, war wie ein Anschlag auf ihr hartnäckiges Schweigen. Aus östlicher Sicht war sie immer ein unbeschreibliches Blatt, unnahbar, um ihre Dämonologie zu bewahren. Erst jetzt beginnt man sie in ihren Reliquien wirklich zu begreifen, in handlichen Stücken, wie zum nachträglichen Realitätsbeweis. Auch die Grenzer, Hüter ohne Gral, stehen vor den ausgetretenen Fallen, als sei ein großer Schwindel aufgeflogen – und keine Chance mehr zur Flucht. Jetzt über die Mauer zu sprechen ist, als renne man offene Türen ein.

Hinter diesem unsäglichen *Schutzwall* verbarg sich nicht nur die Utopie der Wünsche, sondern immer auch ein Niemandsland der Sinne. Ein Bauwerk, das im Herzen der Stadt so präsent und zugleich derart verborgen ist, das den Blick so sehr anzieht und ihn in seiner äußerlichen Nichtigkeit derart inspiriert, daß man seinen Sinn ganz und gar erfinden muß, um ihn sichtbar zu machen, kann nur Instrument einer Ordnung sein, die ihre Gesetze verschweigt. Die Mauer war das öffentliche Geheimnis schlechthin; gleichsam wie im alten China erfüllte sich in ihr ein konspiratives Prinzip: Jeder weiß, der Palast befindet sich mitten in der Stadt, aber kein Weg führt hin.

Die Konspirativität der Macht, scheint es, ist auch das große Staatsgeheimnis des 20. Jahrhunderts. Selbst die grausigste mittelalterliche Zwingburg machte in ihrer Gestalt ihre Furchtbarkeit sichtbar. Sie könnte ihren Herrschaftsanspruch nicht aufrechterhalten, würde sie die Sprache der Macht nicht auch kommunizieren.

Die architektonische Sprachlosigkeit der Mauer aber war nicht einfach ein Tarnen oder Verschweigenwollen ihrer Gefahr, sondern die Unfähigkeit, sie selbst zu sein, denn sie erfüllte ihren stummen Dienst im Namen einer ihren wahren Sinn systematisch maskierenden Idee, verschwiegen, wie das Walten der modernen Macht selbst, in der nur noch die Eingeweihtheit privilegiert. Sie war das geheime Fundament eines Überbaus, dessen Konstruktion gerade deshalb so untragbar wurde, weil er seine wahre Basis verschwieg. Erst die Sichtbarkeit der Grenzen in den Flüchtlingsbildern zwang die Macht, der Mauer einen Ort in ihrer Sprache einzuräumen.

In ihrer schieren Funktionalität war sie beileibe nicht nur praktisch gedacht, sie schützte sich auf diese Weise quasi vor sich selbst als ihrem Thema. Man hätte die Mauer nicht gestalten können, ohne sie dabei zum Sprechen zu bringen. Diese Semantisierung wäre unabwendbar; wo immer sie in ihren Formen ihren Sinn verdoppelte, hätte sie sich erklären müssen, wo immer sie sich selbst bezeichnete, hätte sie sich auch bezichtigt, und weil sie sich nicht offenbarte, blieb dem einzelnen, als die einzig würdige Form das Land zu verlassen, nur die rein physische Kommunikation mit den Grenzen der Macht: *die Fremdkörper der Leibwächter in das Banner ihres Fahneneids treibend.*

Die Ordnung der Körper entzieht sich der Ordnung der Sprache, sie ist intim wie die Macht selbst. In der Tat war die stalinistische Machtausübung, im Gegensatz zur westlichen Kultur, die durch die Dinge kommuniziert, immer körperlich, und nichts ist bekanntlich körperlicher als die Macht.

DAS WILLENTLICHE UND WESENHAFTE

Es gibt das populäre Klischee, demzufolge die DDR jene enge, aber gemütliche Nischengemeinde, der Westen dagegen die dem einzelnen Freiräume gewährende Ellenbogengesellschaft sei. Doch gerade hierzulande bedurfte es des Psychoterrors; wollte man eine Wohnung oder einen Platz im Restaurant, hörte man einen Vers aus dem Gesangbuch des Sozialismus und wurde im Namen des Gemeinwohls gemaßregelt.

Das östliche System der personifizierten Volksgewalt beherrscht die Körper, der freie Markt aber insistiert auf die Dinge mit dem Recht des Körpers. In ihm gehorcht der einzelne einem freilich nicht natürlichen, aber doch weithin unwillkürlichen Prinzip, für das er schwerlich jemanden persönlich verantwortlich machen kann, weil es von sich aus nicht erzieherisch ist. Der Kapitalismus ist keine real existierende Fiktion, sondern eine Existenzform. In einer Gesellschaft aber, die sich selbst verantwortlich macht, indem sie, die Freiheit im Namen der Gleichheit beschränkend, die Kontrolle der Verteilung übernimmt, delegiert der einzelne jene ihm abgenommene Verantwortung an die staatliche Autorität zurück, aus deren Willkür wohl auch der Konsumneid und das sogenannte *Anspruchsdenken* der DDR-Bürger herrühren.

Die DDR war, wie sie war, ein System deutscher Ordnung, und man kann sich den hiesigen Sozialismus, der sich in seinem marxistisch-romantischen Dogma, alle Widersprüche von einer ideellen Einheit her zu denken, jenes völkischen Harmoniebedürfnisses bediente, nur schwer vorstellen.

Die revolutionäre Gleichheitsidee des neunzehnten Jahrhunderts, die gerade in Deutschland ihre paradoxesten, weil elitärsten Repressionsformen annehmen mußte, ging aus dem Glauben an eine widerspruchsfreie Gesellschaft hervor, nämlich der Illusion, im Sozialismus seien die Interessen von Individuum und Staat identisch, und kraft dieses idealisierten Zustands wurden dann schließlich die Rechte des einzelnen suspendiert, weil ja nur er, der einzelne, es sein kann, der den Idealzustand vereitelt. Von einem Schlosser hörte ich einmal: *«Genaugenommen dürfte es im Sozialismus gar keine Rechtsanwälte mehr geben.»*

Die auf diese Weise quasi in einem Vorgriff auf die Zukunft gelebte Gesellschaft, in der es scheinbar keinen Pflichtkonflikt und keine Interessenkollision mehr gibt, weil nur der Idealfall gedacht werden kann und nur *ein* Interesse behauptet wird, muß schließlich das Wirkliche aus der Wirklichkeit austreiben, indem sie die nichtidealen Zustände permanent korrigiert, um alle *«wesensfremden Erscheinungen des Sozialismus»* (Egon Krenz in seiner Antrittsrede im November) *«zu beseitigen»*. Es zählt, in einer Art utopischem Realismus, nicht mehr der Ist-Zustand, sondern nur noch der Soll-Zustand der Gesellschaft, die sodann in verschiedenen Realitätsebenen lebt – man denke an das Ritual der Planerfüllung, bar jeder ökonomischen Relevanz, an das Genügen des bloßen rhetorischen Gesinnungsbekenntnisses usw.

In diesem ihrem permanenten nationalen Sollzustand kann Identität keine Position, sondern nur eine Negation sein, die in Deutschland zudem noch aus einem Mangel hervorgeht: einer historisch gewachsenen kulturellen Hohlform, in der sich seit Jahrhunderten das deutsche Wesen herausschält, aus den großen und älteren Kulturen Europas. Eine Identität, die sich erst im Herausheben ihrer exklusivsten Eigenschaften erkennt und alles Fremde, psychoanalytisch als das eigene Unbewußte gedeutet, unterdrückt, wird auf diese Weise das Gegenteil ihrer selbst.

Wirkliche Identität wäre eine positive, selbstverständlich gelebte Befindlichkeit. Sie bedürfte nicht dieses Überbaus nationaler Ideen, nicht dieser *mehrheitlichen, willentlichen und wesenhaften,* wie von außen auferlegten Attribute, so, als könne man deutsch nicht einfach sein, sondern müßte es sein *wollen.*

Es ist, als sei ein inneres Schalten in diesem zwanghaften, reißerischen, sich selbst überwindenden, strammdeutschen, schenkelklopfenden *Schmiß.* Es ist, als läge ein Zauber der Verwandlung in dieser auf Abwesenheit zielenden Identität, als wollte man über den eigenen Schatten springen, um zu sich selbst zu gelangen, und vielleicht ist es das, was den Deutschen in der Welt so furchtbar macht: die Fähigkeit, über sich hinauszugehen, bis hin zu den grausigsten industrialisierten Endlösungen in den Konzentrationslagern der organisierten Nützlichkeit. Und in dem erhabenen Wissen um dieses universale Imstandesein, das den Menschen von sich selbst entbindet, besteht wohl auch eine reale, befreiende Kraft der Diktatur.

DIE HYDRA DER ORDNUNG

Beharrlich nur ihre Zweckmäßigkeit betonend, wies die Mauer alle Fragen von sich, die ihren Sinn berührten, als läge dieser allein in ihrer Funktion und als wäre in diesem praktischen Funktionieren schon alles erklärt. Ich erinnere mich, wie vor fast fünfzehn Jahren der Betriebselektriker über einen unserer Kollegen, der mit einer Strickleiter im Grenzgebiet verhaftet worden war, sagte: *«...seine Dummheit. Er muß doch damit rechnen, daß man ihn erwischt»,* als erschöpfe sich alle Logik in diesem bedingungslosen *Wenn-dann* und als sei der Sinn der Ordnung allein schon durch deren Werkzeug erfüllt.

Je zweckdienlicher die Instrumente der Macht, um so unschuldiger ist ihre Arbeit, ohne eine Idee von sich selbst, ohne *Nennung von Gründen*, ohne noch etwas anderes zu vermitteln als ihre nackte Konstruktion und ohne je etwas klären zu können als dieses bloße und besinnungslose Funktionieren. Es ist wie eine Art Seelenblindheit, in der alles sichtbar, aber nichts mehr zu erkennen ist.

Diese verschwiegene, ihren *höheren Sinn* in den Dienst sublimierende, immer erzwungene Zweckmäßigkeit ist vielleicht das wahre Mysterium des 20. Jahrhunderts und in ihrer perfektioniertesten Form der Mythos des *pflichterfüllten Deutschen* (russisch: Немой/nemoj der Stumme).

Aus diesem utilitären Verständnis des Handelns lieh der revolutionäre *Terror der Vernunft* stets seine blutigsten, weil praktischsten Argumente (während beispielsweise der Pazifismus bis heute rein praktische Erwägungen nur schwerlich ins Feld führen kann).

In ihrer Zweckmäßigkeit bestand fortan das große Geheimnis der Macht, die den verlorenen Sinn der bloßen funktionalen Existenz in jenen Mythos sozialer oder nationaler Ideen gleichsam kompensiert. Der Überbau ersetzt das Über-Ich, und gerade in den entleertesten Gesichtern ist diese narrative Sehnsucht nach dem verbindlichen *Wir*-Gefühl.

Doch der einzelne handelt, solange das Schweigen die Zusammenhänge diktiert, praktisch in der Kontinuität jenes negativen Sinns, und jede Revolution, die den ökonomisch und moralisch von der Macht besetzten Körpern gehorcht, muß letztlich die Machtverhältnisse restaurieren, indem sie die Produktion mit ihren umgekehrten Mitteln fortsetzt: Wo immer die Werktätigen auch das System latent sabotierten, sabotierten sie es im Namen des Systems und seiner Unzulänglichkeiten. Die Arbeit, einmal als Maschine erkannt, produziert ihr unsterbliches Vorbild: das Perpetuum mobile, nicht um die Welt zu verändern, sondern um sie als Bild zu bewahren, im Mythos jener aus der Industrialisierung der Macht hervorgegangenen *Diktatur des Proletariats*, der, wie jeder Mythos, leibhaftig *gestohlene Sprache* ist.

Nichts ist praktischer und zugleich mythischer als die von Deutschland aus exportierte Erfindung der *Dritten Abteilung*. Was immer der Geheimdienst unter seinem Siegel bewahrt, ist die unerhörte Offenkundigkeit der Zustände, und aus diesem gleichsam exponierten Schweigen organisiert er, durch jenen defizitären Sinn konspirierend, die *größeren Zusammenhänge*, die nur noch ihm selbst, als dem *Staat im Staate*, zugänglich sind – und die für den einzelnen allenfalls faßbar werden in jenem Begriff vom *Absurden*.

Wo beispielsweise das Objekt einer zerknüllten Tageszeitung in einer Kunstausstellung oder eine zufällige Feier am Jahrestag der Unterzeichnung der Schlußakte von Helsinki als Provokation erkannt wird, bedarf Staatsfeindlichkeit keiner bewußten Absicht mehr, weil alle Intentionen allein von ihrem ideologischen Schaden oder Nutzen aus verwaltet und in jenen zentralen, *höheren Sinn* transformiert werden.

In einer Gesellschaft ohne Demoskopien scheint der Geheimdienst die einzige konstituierende und transzendierende Institution des politischen Willens, der Erkennungsdienst für die notorische Namenlosigkeit der Dinge, der moderne Mittler zwischen der sichtbaren und unsichtbaren Welt.

Daß die Stasi-Gebäude vielfach unterkellert seien, gehörte allerorts zum Mythos dieser Behörde. Die Besetzung ihrer Archive aber offenbarte vor allem die mysteriöse Nüchternheit eines stupiden Ordnungssinns, der um so unerforschlicher scheint, je sachlicher er ist. Doch das ganze Mysterium der Staatssicherheit lag immer schon dort, wo man seinen Sinn für einen vor der Öffentlichkeit verborgenen hielt, ja es schien: *Die einzigen, die nicht bei der Stasi sind, sind die, die dabei sind.*

... STIEFEL, DIE GEGEN DEN MARSCH MARSCHIEREN

Die *«Opfer des Faschismus und Militarismus»* wurden Mittwoch für Mittwoch im preußischen Stechschritt geehrt.

In ihrer Widerstandstradition konnte die DDR den Faschismus nur außerhalb ihrer selbst erkennen, und wo er im eigenen Gehege dennoch aufkeimte, hat sie ihn lediglich als eine Art Unkraut beschrieben, das man ausreißen müsse – doch es ging aus der eigenen Wurzel hervor.

Nur der rhetorische Faschismus wurde zum aufklärerischen Objekt einer Metasprache des Antifaschismus, vor der er sich zu verantworten hatte und die dessen Bedeutungen sprach, und gerade in diesem moralisierenden Aufgreifen nur seiner Themen konnte er selbst, also in seiner eigentlichen, formalen Gestalt, unbehelligt von den Argumenten überleben: Die Monumentalität der Macht, der Personenkult, die Blut- und Bodennähe der heldischen und völkischen Mythen, die Stilisierung des Kämpfers und Schwerarbeiters zum Kulturträger, die Aufwertung des plebejisch-überheblichen Lebensgefühls, die Stigmatisierung des Volksfremden und des Entarteten, die Pädagogisierung des Charakters über den sportlichen Körper, die Institutionalisierung der Kunst und deren Waffenfunktion usw. entgingen der Entnazifizierung.

In einer Schwimmhalle in Eisenhüttenstadt stand bis vor wenigen Jahren noch der Spruch: *«Heute besiegen wir uns, und morgen unseren Feind.»* Die sich seit Jahren mehrenden Faschos, Skins und Neonazis der DDR leben keine anderen Werte als jene, die das System favorisierte: Sportlichkeit, Selbsterziehung, Kollektivgeist, Ordnungssinn, Kameradschaft, Vaterlandsliebe usw., und nur diese Attribute sind es, die sie nunmehr wieder ihrer eigentlichen Fahne: ihrem originären Thema unterstellen. Lange vor der Wende sagte ein Polizeibeamter: *«Das sind manchmal ganz anständige Jungs, die meisten machen die Hakenkreuze nur, weil es Mode ist.»*

Die Kontinuität der Formen ist unausweichlich. Man erbt eben nicht nur Autobahnen, Eisenbahnnetze und Kanalisationen, sondern vor allem mentale Strategien und Konstitutionen, deren Kontinuität kein Machtereignis berührt, denn die Mentalitäten sind älter als die Ideologien, ihre Evolution folgt eigenen Gesetzen, und sie sind auch durch Ideologien nicht reformierbar.

Daß nach dem Krieg der neue Staat die Formen des alten annahm, konnte nicht sichtbar werden in eben jener Kontinuität der Macht, die allein innerhalb der Bedeutungen, die sie in eigener Verantwortung meint und in denen sie sich selbst bezeichnet, nicht völlig dechiffrierbar ist. Kein Zeichen hat seine ganze Wahrheit dort, wo man ihm begegnet. Es offenbart sich gänzlich erst, wenn es vom Thema verworfen und außer Gebrauch ist, wenn auch seine nichtgewollte Bedeutung hinzutritt, die ihm selbst vorher niemals *in den Sinn gekommen* wäre.

Die Logik, der zufolge der Widerstand das Gegenteil

der Naziherrschaft sei und die diesen deshalb mit dem Recht des moralischen Vorteils als das ihr Fremdartige sublimierte, konnte den Faschismus nur als *Mißgestalt* erkennen, nicht auch in seiner Gestalt, nur als *Deformation*, nicht auch als Formation, nur als ein *Verkennen* seiner Gefahr, nicht auch als ein kollektives Sich-Erkennen, nur als *Verfehlung*, nicht auch, wodurch er sich den Menschen empfahl.

Diese ideologisch polarisierte Sicht, die, das politische Gegenspiel der Kräfte beschreibend, nur Absichten wahrnimmt, erblindet für die Formen der Macht, in der doch allein ihre Identität besteht, denn in Wahrheit wählt man nicht nur politische Programme, sondern vor allem Mentalitäten, Befindlichkeiten und Lebensgefühle, und auch in dieser ersten freien Wahl der DDR entschieden sich die Wähler mehrheitlich, wie sie sich immer entschieden haben, nämlich für die verläßlichste Gewalt.

DIE BLINDENSPRACHE DER MACHT

Der *«Sozialismus in den Farben der DDR»* war in seinem Ordnungsgeist, seinem sozialen Kontrollsystem, seiner Gesinnungspflege, seinem kollektiven Erziehungs- und Reinigungsbedürfnis zweifellos deutscher als der westliche Teil der Nation.

Franz Schönhuber bemerkte noch im Berliner Wahlkampf in Frühjahr 1989: *«In der DDR sind gewisse deutsche Tugenden besser erhalten als in der Bundesrepublik.»* Tatsächlich scheint der Stalinismus jene völkischen Gefühle weitaus besser konserviert zu haben als der weltoffene Westen, und vielleicht trug die notorische Selbstbejubelung der DDR nicht nur vulgärsozialistische, sondern auch nationalistische Züge.

Daß der Sozialismus so unmodern aussieht, ist nicht einfach aus seiner ökonomischen Langsamkeit zu erklären. Er konnte sich nicht organisch entwickeln, weil die ideologische Fiktion erblindet für die sich selbst erneuernden Formen der Kultur. Es ist nicht schlicht nur Sparsamkeit oder Armut, daß die Straßen, die Kantinen, Behörden und Postämter so trist aussehen, sondern das geistige Prinzip einer Gesellschaft, die alle Formen in die leere Idee ihres Dienstes preßt.

Selbst eine Neuauflage des Freiherrn von Knigge, *«Über den Umgang mit Menschen»*, mußte im Vorwort von den Richtlinien des letzten Parteitags her legitimiert werden. Entweder kolportierte man, gebrochen durch die Rechtfertigung dem eigenen System gegenüber, die Zeichen westlicher oder spätbürgerlicher Kultur, oder man schuf die eigene Symbolwelt, gänzlich ideoplastisch, vom Überbau her, um das Gesellschaftsideal zu illustrieren. Und diese deshalb immer zwiespältige, teils monumentale, teils naive, teils gezüchtete und teils verwilderte Kultur scheint die einzige Identität des vierzigjährigen DDR-Sozialismus.

Auch daß die offizielle Rhetorik so steif, so fühllos, beliebig, normiert und bildarm war, lag nicht einfach an schlechter Agitations- und Propagandaarbeit, sondern an der ideologischen Befangenheit des Denkens. Sie war eine Art Blindensprache; durch alle selbstverständlichen, menschlichen, positiven und sichtbaren Zeichen würde die reale Welt in die Fiktion zurückdingen.

Das strenge Protokoll der staatlichen Rituale, die stereotype Verbalität sind wie ein immer erneuertes Bekenntnis zum *reinen* Gedanken, der den sprechenden nicht preisgibt und den Blick immer von sich weist auf das pure System der Ideen.

Die DDR hätte, um exportfähig zu sein, den Markt nicht psychologisieren können, ohne dabei ihr ideozentrisches Weltbild zu verraten. Auch deshalb mußten die Devisengeschäfte geheim bleiben und so merkwürdig ambivalent wie die wirtschaftlichen Sonderzonen Chinas, weil ein psychologisierter Markt die Individualität der Menschen anerkennt; und weil dieses individuelle Sein das Bewußtsein bestimmte, müßte es die vom Verstand her in die Welt gesetzte Ordnung untergraben.

Die westliche, sich selbst ständig improvisierende Kultur wirkt aus der Sicht des ideologisierten Bewußtseins, das nur noch das Sein bestimmt, geradezu naiv in ihrer duldsamen, positivistischen Lächerlichkeit, und man glaubte wohl sogar, es läge ein Vorteil darin, nicht *«allen modischen Blödsinn mitzumachen»*, so als ob man einen Vorsprung dadurch gewänne, wenn man auf dieses unplanmäßige Spiel der Formen verzichtet.

«UND SEHN WIR UNS NICHT IN DIESER WELT,
DANN SEHN WIR UNS IN BITTERFELD.»

Eine Rentnerin in Bitterfeld.
Im Zentrum des Öko-Unheils ist sie alt geworden

Innere Sicherheit - Ein Blick auf den «Antifaschistischen Schutzwall» am Bahnhof Friedrichstraße in Berlin

Stadtlandschaft in Halle

AUFERSTEHEN AUS RUINEN?

Ehemaliger gynäkologischer Untersuchungssaal in Schloß Hohenholz, Vorpommern

Restidylle. Penkun, Vorpommern

→

Entsorgung der
SED-Vergangenheit -
Müllhalde mit
Parteiausweisen
bei Bitterfeld

PROLETARIER ALLER LÄNDER
VEREINIGT EUCH

PROLETARIER ALLER LÄNDER
VEREINIGT EUCH

Samstagsdemonstration in Greiz, Thüringen

DIE PROVINZ ERHEBT SICH

ALS

Das Volk agiert, die Ordnung wundert sich (Greiz)

Schadenfreude (Greiz)

Auf der Suche nach der permanenten Revolution - Stand der Trotzkistischen Partei. Leipzig im Februar

1945
Vom ersten Tag des Friedens an
Sie hatte unser Volk vom Hitler-Faschismus befreit.
Bald konnten wir wie die Völker der Sowjetunion
den Weg in die sozialistische Zukunft gehen.
Dank Euch, Ihr Sowjetsoldaten, Euch Helden der Sowjetunion!

BRÜCHIGE VÖLKERFREUNDSCHAFT

Beschädigter NVA-Soldat am Neuruppiner Sportplatz der Roten Armee

Beschädigter Rotarmist am Neuruppiner Sportplatz der Roten Armee

Arbeitsplatz von 30 000 - Wo sind sie geblieben?

STASI-ZENTRALE. BERLIN, NORMANNENSTRASSE

Im Stasi-Gebäude: Das Volk inspiziert das Innenleben der Macht

Reliquien im Ministerium für Staatssicherheit

DDR
NATIONALE
VOLKSARMEE

Die Bespitzelten im Haus der Spitzel - Was tun?

Die Stimme des Volkes spricht deutschnational

MONTAGSDEMONSTRATIONEN IN LEIPZIG

Deutscher Sang
(Leipzig)

Deutscher Gruß
(Leipzig)

Die Stunde der Randgruppen (Leipzig)

Bundesland
Sachsen
bika
PREISWERT + GUT

S-Bahn-Station Prenzlauer Allee, Berlin

REVOLUTIONÄRE RHETORIK

Berlin-Prenzlauer Berg

FASCHINGSLAND

Der Minister in der Trabantenstadt.
S-Bahn-Station Karl-Maron-Straße (DDR-Innenminister von 1955 bis 1963) in Berlin-Marzahn

→

Wachablösung in Berlin
- «Die ‹Opfer
des Faschismus und
Militarismus› wurden
Mittwoch für Mittwoch
im preußischen
Stechschritt geehrt»

FZ 1787

Feeling B
SERGEJ GLADKICH
die weich eu
räume &
die harten zeiten
Mo–Fr 18–8h
Sa & So
rund um die

Revolutionäre Errungenschaft: «Rund um die Uhr geöffnet.»
Szenetreff in Berlin-Prenzlauer Berg

«Aus östlicher Sicht war sie immer ein unbeschreibliches Blatt»

DIE MAUER IN BERLIN

Nach der Arbeit der Mauerspechte: die Kräne kommen

«Hüter ohne Gral»

MAUERKINDER

am Reichstag

im Prenzlauer Berg

it uns fü
einen starke
Mittelstand

DER OSTEN GEHT ...

... durch die Mauer. Berlin-Mitte

FRÜHLING BE

Der Osten staunt (DDR-Bürger in West-Berlin), ...

… und kehrt in den Osten zurück (Berlin-Mitte)

D LOVE
US ALL
BUT WHY
THIS WALL
IT DOWN

... DER WESTEN KOMMT

Brandenburger Tor, Ostseite

Die Früchte der Freiheit - Obstverkauf gegen Westmark. Bitterfeld →

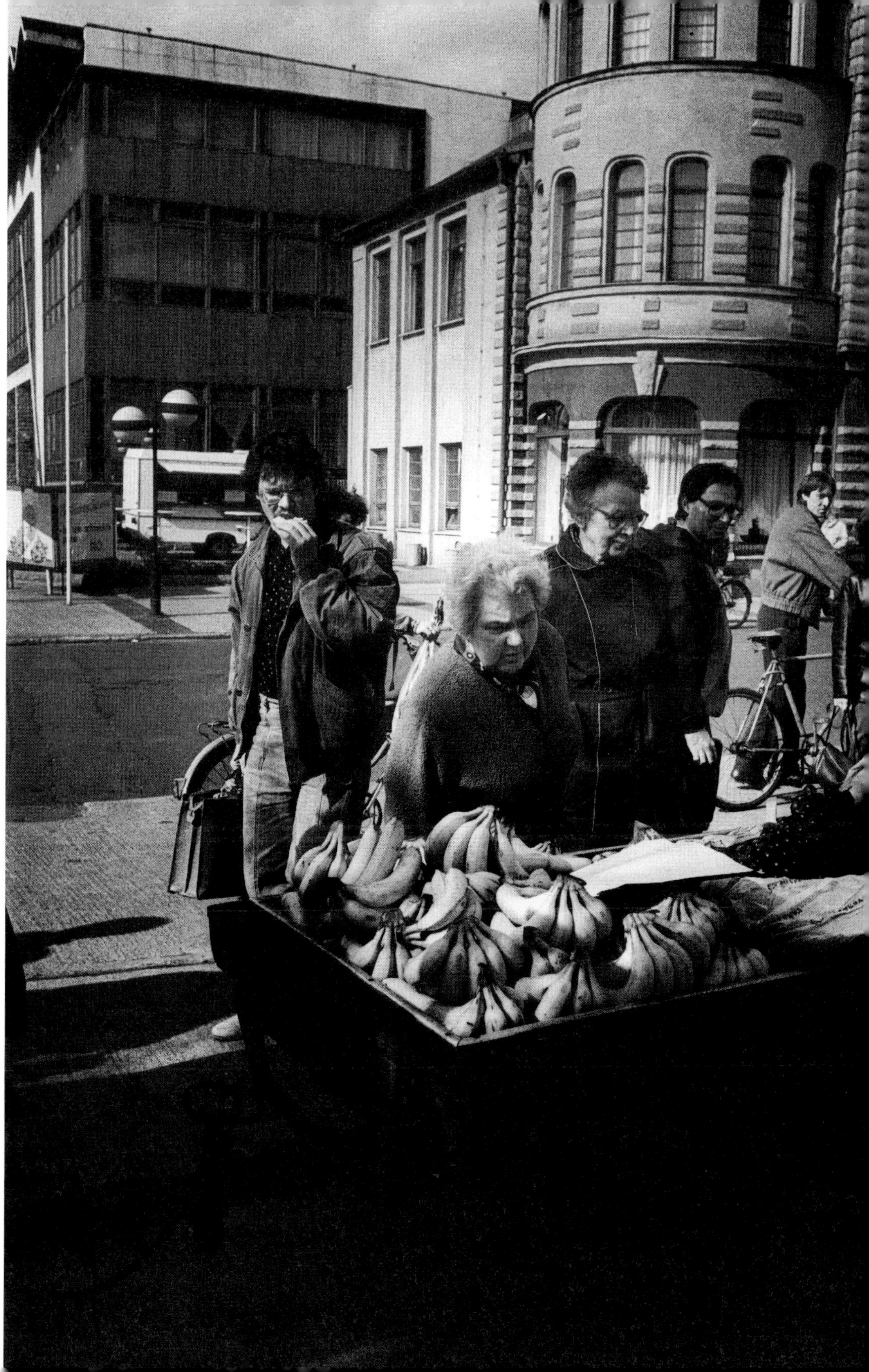

Westpresse in Ostkaufhalle. Berlin-Pankow

HÖRZU

Freudenhaus der Freiheit - Pornos und Pariser. Halle

HAMBURG
REEPERBAHN
22,- WEST
80,- OST
3er-PACK
40,- WEST

Auf der Müllhalde der Geschichte? Krack, Oberbürgermeister von Berlin-Ost

DER WAHLKAMPF BEGINNT

Wahl auf allen Fluren. Krankenhaus Radewitz, Vorpommern

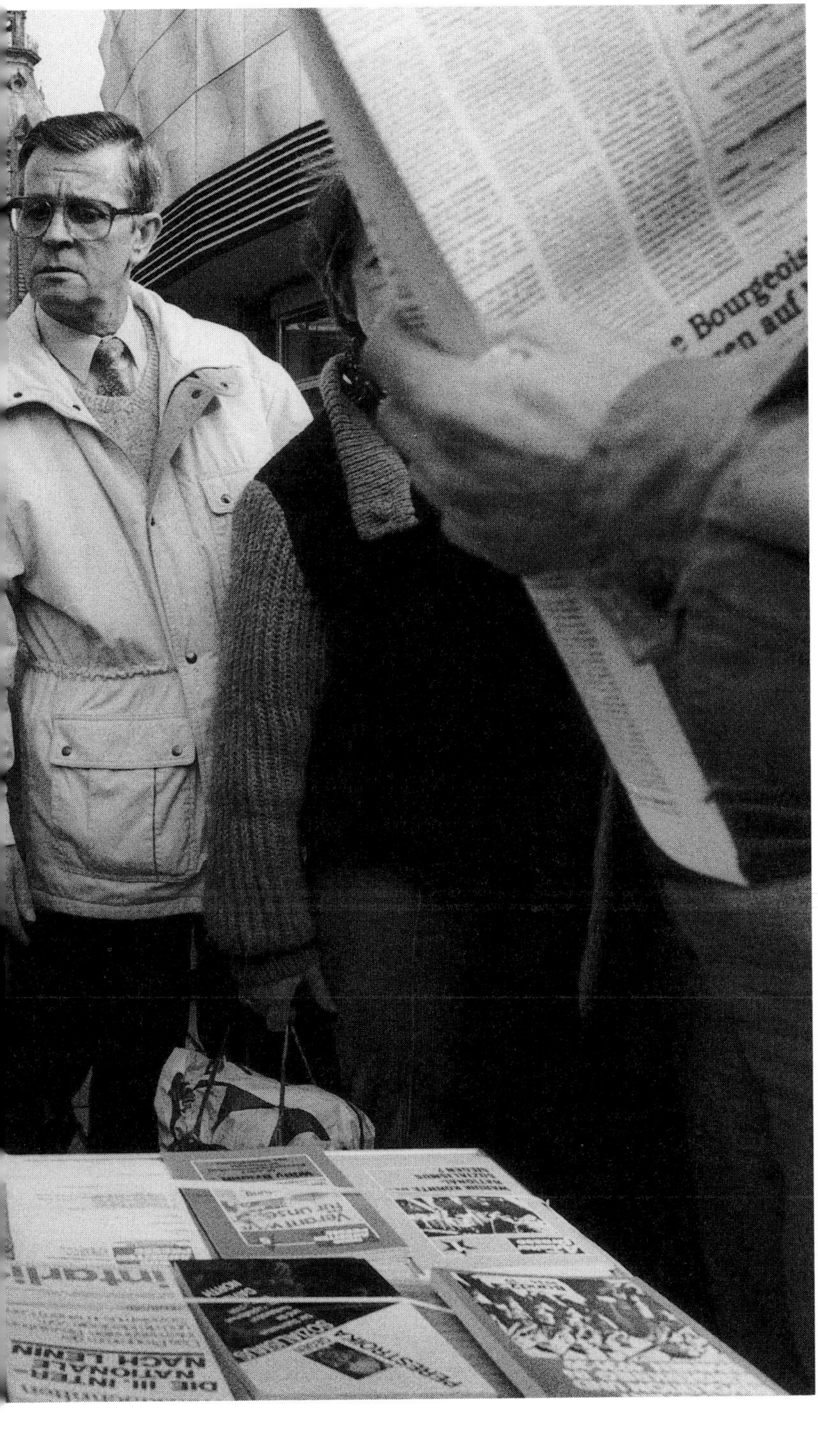

Die Qual der Wähler.
Leipzig

TIERMARKT
FUTTERMITTELHANDLUNG · ZOOBED
Freiheit
ist
Leistung.

In der Kleingartenanlage
Schönwald. Berlin

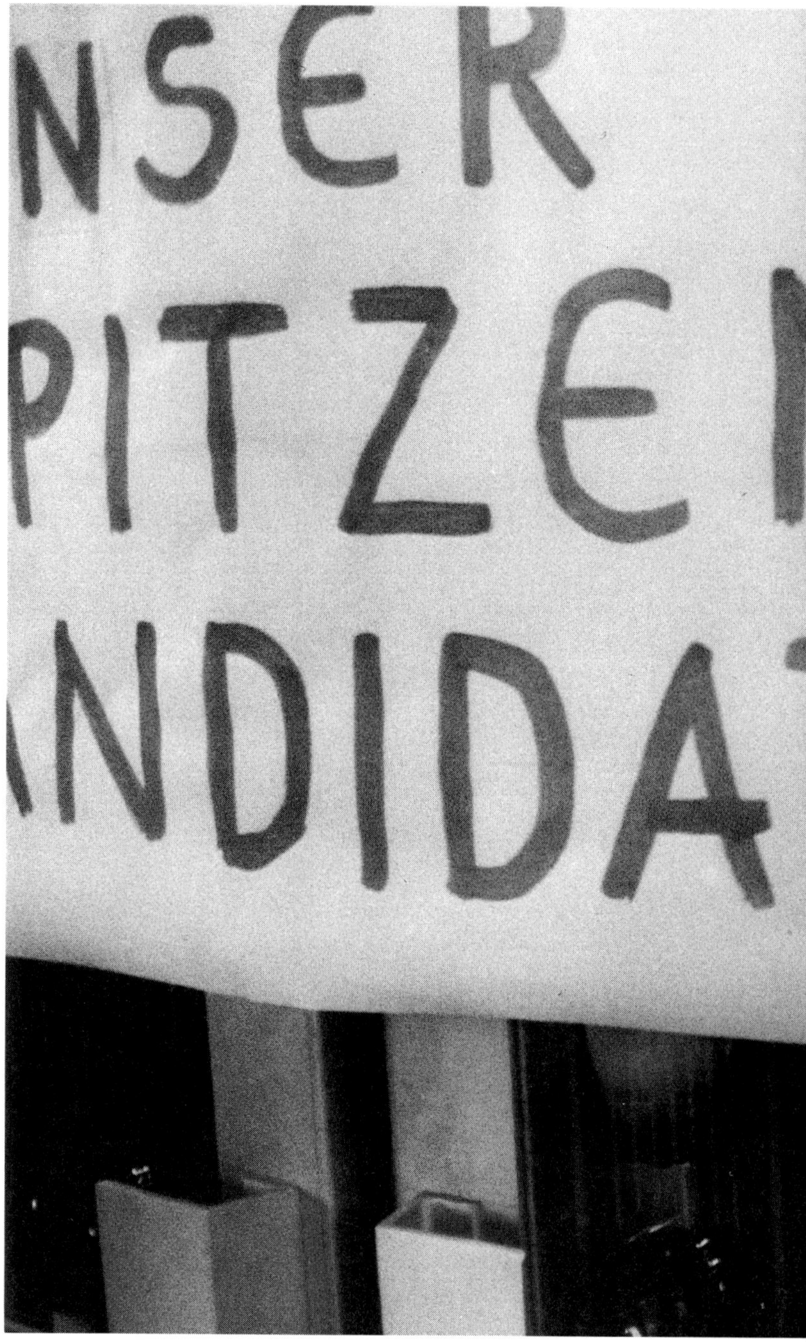

Take it Gysi.
Der PDS-Vorsitzende am Rande des Berliner Parteitags

keine
BRDigung
der DDR
PDS

Neue Horizonte? Schnur, Diepgen, Eppelmann auf einer Wahlkundgebung des Demokratischen Aufbruchs. Berlin-Lustgarten

«Die freie Marktwirtschaft funktioniert im Grunde genommen ganz einfach.» Berlin, S-Bahn-Station Alexanderplatz

Plakatekleber in Berlin-Marzahn

PDS

Niemand kennt den Sinn der NEIN-Plakate.
Berlin, Schönhauser Allee

PDS
EINER VON UNS
HANS MODROW
Partei des Demokratischen Sozialismus
PDS
VORSICHT
NICHT BESAUFEN
WODKA GORBA-TSCHOV
MIT VERSTA
TRINKEN!
18. MÄRZ: VL
VL Freiberg
EIN
EIN

Konfetti für Kohl

WAHLKUNDGEBUNG DER ALLIANZ FÜR DEUTSCHLAND IN KARL-MARX-STADT

→

Der Kanzler spricht …

DEUTSCHLAND

... das Volk lauscht

... und jubelt

Jugendklub Prenzlauer Berg, Berlin

RESIGNIERTER PATRIOTISMUS

Vor dem Deutschen Schauspielhaus am Platz der Akademie, Berlin

Wahllokal am Prenzlauer Berg

DER 18. MÄRZ 1990

Gazeta

Stimmenauszählung in Berlin-Pankow

Der kleine Sieger.
Medienspektakel um Lothar de Maizière im Palast der Republik

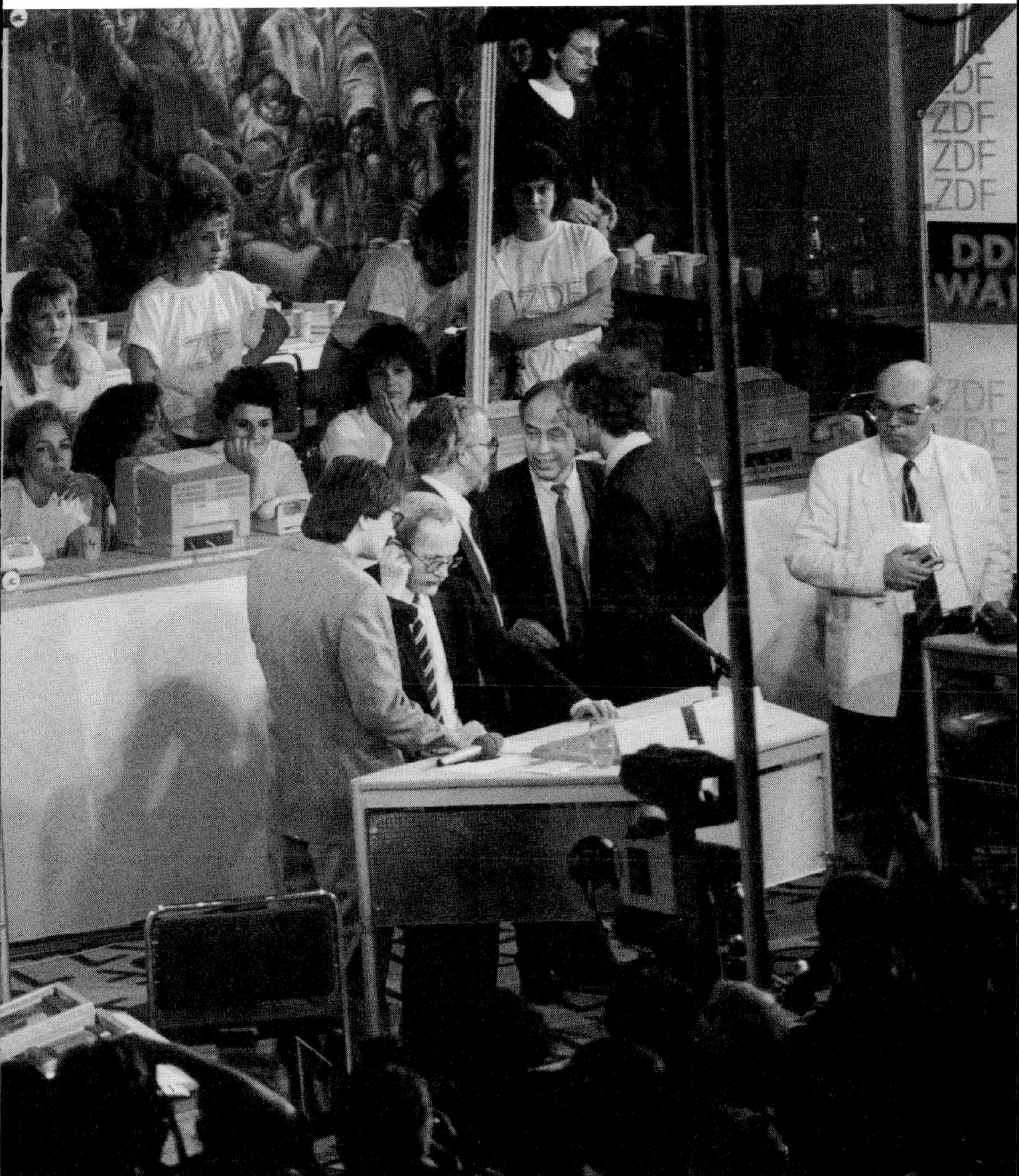
ZDF
ZDF
ZDF
ZDF
ZDF

Das Fest ist vorbei.
Ein Deutscher am Wahlabend in Berlin-Mitte

Sandra
DER BEAUTY - SHOP

Marx und Engels unbeachtet und verlassen auf dem gleichnamigen Forum in Berlin

Eine neue Heimat?
Berlin-Wilhelmsruh

Ein letztes Bild: Halbmast für die DDR in Berlin-Pankow

Blickpunkt DDR

Michael Heine/Hansjörg Herr/
Andreas Westphal/Ulrich Busch/
Rudolf Mondelaers (Hg.)
«Die Zukunft der DDR-Wirtschaft»
sachbuch 8728

Hubertus Knabe (Hg.)
Aufbruch in eine andere DDR
Reformer und Oppositionelle zur
Zukunft ihres Landes
aktuell 12607

Jonas Maron/Rainer Schedlinski
Innenansichten DDR
Letzte Bilder
sachbuch 8533 (August '90)

Michael Naumann (Hg.)
«Die Geschichte ist offen»
DDR 1990: Hoffnung auf eine
neue Republik
aktuell 12814

Charles Schüddekopf (Hg.)
«Wir sind das Volk!»
Flugschriften, Aufrufe und Texte einer
deutschen Revolution
sachbuch 8741

AKTUELL rororo SACHBUCH rororo

C 2384/3 a